Carta para Los amigos del Derecho

La razón contra la lógica

Índice

Introducción

me interese sobre el concepto de derecho muy joven, era un conceto del que todos hablaban el 2011 en chile cuando yo era estudiante, y naturalmente me dedique a hablar del tema para satisfacer mi curiosidad con tanta gente como pude, profesores, alumnos, dirigentes, gente en las marchas exigiendo lo que ellos entendían por derecho en definitiva personas de todas las clases sociales y de los mas diversos orígenes, para mi sorpresa cada cual me respondió algo distinto ¿Qué es el derechos? ¿Cuáles son esos derechos? mi conclusión fue que el concepto coloquial de derecho esta difuso y ampliamente reconceptualizado. Y aunque los estudiantes de esta materia si saben no fueron capaces de explicar el concepto de forma clara, nombraban un sinfín de autores y perspectivas lo que lo hace muy difícil de dilucidar y comprender. Así fue que me dispuse a estudiar sobre la cuestión para ver donde coinciden las formas ¿sobre que se discute?

Sujeto jurídico: es la persona o entidad que tiene la capacidad de tener derechos y obligaciones dentro de un sistema legal.

Objeto jurídico: aquello sobre lo que recaen los derechos y obligaciones de los sujetos jurídicos.

¿Si se ama en justicia?

Amor: Sentimiento dulce y profundo que inspira a nutrir la vida sin juzgarla, deseando la eternidad.

Mediemos pues los excesos de la venganza.

Queridos amigos del derechos:

Te quiero contar que estoy muy preocupado en lo concerniente a las conversaciones que he tenido con sobre las leyes y los derechos, las respuestas que me han dado con respecto al derecho y la responsabilidad individual, me parecieron de un lenguaje ambiguo e incierto lleno de términos new-orwellianos, palabras vaciadas de sentido. Tengo el deseo de darte mi opinión al respecto.

primero ¿Qué es el derecho? El derecho es una institución creada para regular las relaciones humanas, basada en crear obligaciones mutuas, es decir, dos partes comprometidas a cumplir y reconocer una obligación con el otro; de aquí brota el término y definición de justicia que es la relación entre un derecho y otro derecho, dicho de otras formas, es la voluntad de dar a cada quien lo que es suyo material e inmaterial, todo esto es en sí el reconocimiento y validación de la existencia de un otro, que se consigue otorgándose y reconociéndose mutuos derechos, de igual manera mención que, (La justicia es la constante y perpetua voluntad de dar (conceder) a cada uno su derecho. Justicia es el hábito de dar a cada cual lo suyo. Ulpiano 170-228dC). por lo tanto si una obligación es imposible de cumplir no es motivo de derecho. y revisando autores estos fueron los términos que mas coincidieron según mis indagaciones derivando desde el derecho natural Católico escolástico, que es la evolución de la jusi prudencia romana y el derecho canónico o 10 mandamientos.

citas de complemento 1 y 2

El Derecho Empírico: es un conjunto de principios institucionalizables que emanan naturalmente del reconocimiento mutuo de obligaciones entre dos o más personas, sobre la base de la experiencia concreta y la necesidad práctica. Es este respeto recíproco —surgido de la convivencia real— el que otorga validez a los marcos legales, y no al revés. De este derecho originario emanan todas las leyes legítimas. Se funda en la confianza, confiere dignidad a los sujetos pactantes, y se garantiza, en última instancia, por la posibilidad de violencia legítima cuando el pacto es roto. El Derecho Empírico no depende de decretos ni reglamentos, siendo esencialmente distinto —y superior— a estos, ya que aquellos son instrumentos unilaterales y forzosos, mientras que el Derecho Empírico surge de la voluntad compartida. Este derecho se organiza en torno a cuatro principios fundamentales:

1. Los Pactos se cumplen :Todo acuerdo basado en la confianza mutua debe cumplirse. El cumplimiento de las obligaciones libremente asumidas constituye la esencia de la justicia: dar a cada quien lo que le corresponde.
No hay justicia sin pactantes, y no hay pacto sin voluntad, por tanto:

2. La Vida se respeta: La vida es la primera y más íntima propiedad: es el espacio, el tiempo y el presente que cada ser humano ocupa. Es binaria —está o no está— y, por ello, igualitaria y unificadora. Solo quien vive puede pactar, ejercer responsabilidad, ser sujeto de justicia y garante del derecho. De la vida surge el derecho: sin vida, no hay pactantes; sin pactantes, no hay derecho.

3. La Libertad se conquista: La libertad nace del reconocimiento del otro como igual y del compromiso con la fraternidad. Consiste en anteponer el espacio del otro como condición para crear un espacio compartido donde cada uno puede actuar conforme a su voluntad, sin dañar a los demás. Es una conquista ética y práctica: quien es libre actúa con responsabilidad y opera con poder real. Quien no lo hace, se subordina.

4. La Propiedad Privada se cuida: La propiedad es la forma de reconocer pacíficamente el trabajo, el tiempo y el esfuerzo ajeno. Por tanto, la propiedad no debe transferirse por medio de la violencia, el engaño o el robo: ninguna de estas formas constituye una pérdida legítima.
La propiedad privada es la manifestación concreta de la libertad y de la vida: cuidarla es respetar al otro en su expresión más material.

citas de complemento 3 y 4

Todo lo anterior busca proteger y regular la vida, según mi opinión.

He aquí lo que podría ser el derecho, las raíces fundamentales del mismo. cabe destacar que es la única igualdad posible puesto que el ser humano solo es igual en su multiplicidad, pero todos distintos en singularidad, ningún hombre o mujer es igual a otro hombre o mujer, ningún ser humano es iguala otro ni en el espacio ni en el tiempo y sin embargo todos somos seres humanos, mamíferos que respiran de complementariedad sexual binaria, tal vez hemos cambiado tanto el paisaje de la sabana que nos cuesta encontrarnos entre nuestras "conveniencias y comodidades aparentes" con nuestra propia naturaleza.

Ahora en mis conversaciones me he percatado en mi parecer que argumentare breve y apropiadamente, que los estudiantes de alguna forma les cuesta diferenciar entre Leyes y Derechos cuando les pregunte al respecto. Y supongo que esta confusión les surge de alguna interpretación del derecho los pactos deben cumplirse, ya mencionado, veras y espero me corrijas, tanto los decretos y reglamentos son la omisión de la plasticidad del derecho por definición, dado que el carácter del derecho es bilateral mientras que las leyes responden de forma forzosa y unilateral a circunstancias especifica, sin embargo en las discusiones que he sostenido se me plantean estos dos términos como leyes acogidas por el derecho de los pactos se cumplen, pero primero me pregunto ¿para que una ley sea considerada como tal en un sistema justo? no debe trasgredir ninguno derecho, ni en lo empírico, ni en lo pragmático, sino que debe estar en consonancia con ellos, como planteo Rousseau para que algo sea ley debe ser acordado por todos, una fantasía, según El todos deberían participar de la creación de la misma, para esto existen dos mecanismos que permiten acercarse a este principio, un referéndum de salida que someta a votación popular, o la garantía implícita de que respeta a cabalidad en su proceder cada uno de los derechos fundamentales dado que estos por su naturaleza empírica cumple con el acuerdo social, por ende las "leyes" que no cumplen con ninguno de estos dos mecanismos validadores mencionados no se les debe considerar como leyes, sino como decretos o reglamento con "fuerza de ley", estos son símiles a los emitidos por los reyes de antaño en el pasado, los cuales llamaban leyes a sus decretos porque estos se sentían con el derecho unilateral de la aprobación "divina" con la que nadie podía estar en desacuerdo lo que no cambia el hecho de no eran leyes según la perspectiva de Rousseau.

Creo a ver aproximado lo que son las leyes y porque son confundidas con los decretos y reglamentos siempre unilateralmente emitidos por los órganos legisladores que coartan la libertad a través de sus "ingenuos acólitos" que por omisión o ignorancia parecen derivarse por la falsedad del derecho positivista que les ayuda a sostener sus sesgos cognitivos; dado a la creencia de que por poner algo en un papel y decir que está pactado ya es un derecho como tal, cosa que no puede ser por el siguiente axioma que; siendo los recursos finitos y las necesidades infinitas no se pueden crear obligaciones de la nada. Pero para asegurarme resumiré que las leyes son aquellas normativas que no violan el derecho cuyo objetivo es disuadir y corregir el comportamiento humano (como garantía para proteger el hombre del hombre) concerniente a la forma y moral de llevar a cabo los actos con respeto al derecho por medio de penalización y fuerza del estado en respuesta a ser violadas o transgredidas.

citas de complemento 5 a 11

Ahora con todo esto dicho, puedo resumir parafraseando a Antonio Escohotado que: El Derecho es un todo impersonal, anónimo, universal y permanente de las que brota la justicia y el orden. Y: Las Legislaciones en cambio son aquellas leyes y decretos que emanan de las instituciones con el objeto de regular a estas mismas. (como dato curioso sobre la claridad de las leyes. Winston Churchill dijo; Si creas diez mil regulaciones destruyes todo el respeto por la ley. En otras palabras, crear muchas leyes no fortalece las leyes las diluye).

Me gustaría también mencionar que según lo que pude entender de Aristóteles: la principal limitante del Derecho es que la propia gente se crea sobre El Derecho. Nadie está sobre el derecho por que es la garantía de todos, y el todo es más que el individuo particular, y aquel que se crea por encima de El Derecho es un tirano por definición. Las personas en cambio si están sobre las Legislaciones puesto que estas dependen de las mismas, más aún de individuos particulares con nombres y apellidos que responden a cambios socio-políticos y culturales en vista de sus limitados entendimientos e intereses. Es por estos motivos que las legislaciones son distintas en todo el mundo y no es la misma en China o en Chile. Todo esto se suele estructurar al estilo Pirámide De Kelsen donde el derecho debería estar en la cima.

Y con respecto a responsabilidad Individual, otra cosa que me preocupa y es que me parece particularmente grave, son las argumentaciones ideológicas y llenas de sesgos, que han florecido.

Que un ciudadano cualquiera me de argumentaciones sesgadas no me sorprende, pero esto me parece gravísimo cuando lo imponderable lo dice un estudiante de derecho es como si se hubieran olvidado de la relación moral de la justicia y las leyes, lo hacen consciente o inconscientemente para ocultar la responsabilidad individual como si existiera en medida de su propia conveniencia política o ceguera cognitiva. De alguna forma las leyes buscan un comportamiento moral a la hora de interpretar los derechos para no vulnerarlos, tal vez sea correcto ver la justicia como principios morales ponderables, empírico-pragmáticos, según mi apreciación, el filósofo David Hume da justamente este enfoque.

mencionó también al filósofo Antonio Escohotado, que resume; el proceder natural de la relaciones morales en la justicia las cuales son principios como: la reciprocidad, el sentido de equidad, juego limpio y simétrico, que metafóricamente interpretan una balanza en equilibrio. también en el documental (Chimpancés - ¿Qué tan inteligentes son nuestros parientes más cercanos? | DW), me encontré que estos investigadores llegan a la conclusión de que la moral tiene sus códigos naturales intrínsecos y mencionan que hume también fue capaz de aproximarse a estas conclusiones. Yo diría que queda claro que ¡Nunca! debemos olvidar la responsabilidad individual (mientras no se pruebe toda persona es inocente) es decir el principio de inocencia, el cual nos permitió superar las cacerías de brujas y la creencia en las falsedades y difamaciones sin pruebas sustentadas en sesgos ideológicos, que fue por mucho mecanismo de abuso usado por mentes totalitarias, inquisidoras.

finalizando: done se respeta el derecho en lugar donde se te tiene en cuenta, existes en **Dignidad**: cualidad del que se hace valer como persona, se comporta con responsabilidad, seriedad y con respeto hacia sí mismo y hacia los demás, y no deja que lo humillen ni degraden, cualidades que radican en la naturaleza humana. De otra forma, donde tu existencia no es valida, hay esclavitud, y aparecen conductas sociopáticas como el **Libertinaje**: Priorización exacerbada de uno mismo sin considerar a los otros, concretando una conducta abusiva y desenfrenada en las obras o en las palabras. conducta nihilista-antisocial. Y se pierde la justicia y la dignidad.

Porque como dijo Sócrates: justo es quien, prefiere sufrir una injusticia, antes que cometerla. Así se decide que los justos no pagarían por los pecadores porque preferimos un criminal libre que un santo muerto. En perspectivas darwinianas del orden espontáneo y de la economía Austríaca de Von Hayek, citados por Antonio Escohtado dice; el orden decretado es entrópico y limitado al designio de fulano y de mengano. tal vez, por eso las "leyes" siempre están condenadas a la obsolescencia, mas no el derecho que bebe de los derechos delos demás como una esencia compartida que es una conquista del día a día sobré nuestro propio carácter.

Me despido y dedico esta carta a mis amigos y a todos los estudiantes del derecho, espero podamos seguir debatiendo.

Tu amigo que gusta de ser indivídúo libre y soberano.

citas de complemento 12 a 14

la grieta estructural en todo el edificio moderno del derecho:
la justicia compartida se fragmenta en justicia delegada, y ahí
comienza la distancia, la verticalidad, y el riesgo de la corrupción.

¿Justicia, delegación y corrupción?
Una perspectiva existencial fenomenológica
Desde una perspectiva existencial-fenomenológica de la justicia,
esta no se origina en normas ni instituciones, sino que emerge
del reconocimiento mutuo entre sujetos vivos, capaces de asumir
responsabilidad y de pactar.

Sin embargo, en la convivencia humana, la justicia compartida
enfrenta un límite: el exceso. Especialmente el exceso de la
venganza, que amenaza con romper los vínculos y perpetuar el
conflicto. Para evitar esa desmesura, se recurre a una solución
pragmática: la delegación de la justicia a órganos neutrales y con
fuerza efectiva.

Pero esta delegación, aunque funcional, no es inocente ni neutra.
Porque al trasladar la responsabilidad de hacer justicia desde el
sujeto hacia una estructura externa, se abre el camino a la
jerarquización: el nacimiento de una clase que ya no pacta, sino
que impone.

Allí, la justicia deja de ser compartida y se transforma en poder.
Deja de nacer del vínculo y empieza a operar como un
mecanismo externo, burocrático, y por tanto, susceptible de
corrupción: no solo como delito, sino como olvido de su origen.

la grietas más antiguas y duras de la filosofía política: el
conflicto entre la realidad relacional y la necesidad de estructura
frente a la amenaza constante del caos.

la justicia empírica —como pacto entre sujetos— se sostiene solo
mientras exista un mínimo de voluntad ética compartida. Pero
cuando esa voluntad se quiebra por el miedo, la desconfianza o la
violencia, entonces aparece la delegación estructural como
mecanismo de supervivencia. Y ese es el punto de quiebre: del
pacto al Leviatán.

🐺 "El hombre es un lobo para el hombre" (Hobbes)
En este marco, el colapso hacia macroestructuras (como el Estado) no es una evolución natural, sino una huida. Una respuesta desesperada al peligro constante de que el otro ya no sea un pacto posible, sino una amenaza latente. Por eso Hobbes propone el Estado como monstruo necesario, como el único con el poder suficiente para frenar la guerra de todos contra todos. este camino abre distancias ente el monstruo y el sujeto, aunque útil, no es justo por sí mismo, sino que se arroga la justicia al imponerla desde fuera, en lugar de cultivarla desde el vínculo, en la defensa de los propios vínculos.

🏛 Esto permite una síntesis crítica

De la justicia pactada en el Leviatán: el colapso del vínculo
La justicia nace del pacto entre personas vivas, responsables y libres. Pero cuando el vínculo se fractura por la desconfianza o la amenaza —cuando el otro deja de ser sujeto y pasa a ser peligro—, el miedo sustituye al pacto. Entonces aparece la delegación: el recurso a una fuerza externa que administre lo que ya no puede resolverse entre partes.

Así se originan las macroestructuras: no como forma de justicia superior, sino como mecanismo defensivo frente a la imposibilidad del pacto. El Estado no nace del deseo de justicia, sino del miedo al otro.

Pero esta solución trae su propio peligro: el poder delegado deja de rendir cuentas al origen que lo legitimaba. La justicia se convierte en administración, el vínculo en control, y la ley en instrumento de obediencia. La estructura que protegía del lobo, es el monstruo.

Sí. es decir —que delegar la responsabilidad es una cómoda huida, pero también una forma conveniente e inevitable de gestionar los excesos individuales— es exactamente el tipo de verdad incómoda que las doctrinas tienden a evitar. Pero qui la pongo en el centro de la cuestión.

No idealizando el pacto ni demonizando la estructura. sino reconociendo una tensión esencial de las cuerdas de la guitarra, para educar que no es nada mas que el desengaño que nos permite afrontar la realidad para sobrevivir en ella:
El derecho empírico nace del pacto, pero no siempre basta. La delegación no es noble, pero es necesaria. Y en esa necesidad comienza el potencial de la corrupción.

¿Podemos dejarlo así?
¿La delegación como huida o como necesidad? las dos, pero
como mas prefieras
Delegar la justicia es, a la vez, una huida cómoda y una respuesta
pragmática. Es cómodo, porque evita asumir el costo personal de
ejercer justicia en vínculo directo con el otro. Pero también es
inevitable, porque ningún individuo puede cargar con todos los
excesos de la humanidad sin romperse o volverse vengativo.
La delegación aparece como medio para gestionar con
neutralidad los excesos individuales, como una técnica de
contención del caos. Pero cuanto más se delega, más se aleja la
justicia del cuerpo social. El poder se concentra, se profesionaliza,
y se impone. Entonces el derecho ya no emana de los pactos, sino
de los aparatos. Y ahí es donde el Derecho Empírico se convierte
recuso para justificar la subversión.

no busco construir una teoría cómoda, sino permanecer fiel a la
observación directa de la experiencia sensible de la política
jurídica. Espero que eso le da mucho más peso a todo lo escrito.
El derecho no emana de los aparatos en si —los aparatos
terminan generando sus propias lógicas e imposiciones y
producen efectos, que no solo son arbitrarias, sino que terminan
subvirtiendo el pacto original que deberían proteger.

en conclusión
La delegación como distorsión originaria
La justicia no emana de las estructuras. Las estructuras nacen
como respuesta al colapso del pacto, pero con el tiempo
desarrollan sus propios intereses, lenguajes y mecanismos de
control. No son custodios del derecho, sino productores de una
legalidad artificiosa, muchas veces divorciada de la justicia.
En lugar de proteger el vínculo entre pactantes, los aparatos
generan reglas que se imponen desde arriba, muchas veces en
contra de la voluntad o del bienestar de los sujetos vivos que las
originaron, componen y sustentan. Así, el derecho empírico se
desplaza para transformarse en una sombra, y no simplemente:
es reemplazado y subvertido, para dar paso a una simulación.

UN DELITO IGUAL SE REPUTA DESIGUAL SI SON DIFERENTES LOS SUJETOS QUE LE COMETEN, Y AUN LOS DELITOS, DESIGUALES

Si de un delito proprio es precio en Lido
la horca, y en Menandro la diadema,
¿quién pretendes, ¡oh Júpiter!, que tema
el rayo a las maldades prometido?

Cuando fueras un robre endurecido,
y no del cielo majestad suprema,
gritaras, tronco, a la injusticia extrema,
y, dios de mármol, dieras un gemido.

Sacrilegios pequeños se castigan;
los grandes en los triunfos se coronan,
y tienen por blasón que se los digan.

Lido robó una choza, y le aprisionan;
Menandro un reino, y su maldad obligan
con nuevas dignidades que le abonan.

La justicia según: ***Francisco de Quevedo y Villegas***

Inspirado en Sancho Panza, en "Don Quijote de la Mancha" (Segunda Parte):
"¡Oh Justicia, cuán importante eres, pues aun entre los mismos ladrones ha de haber justicia! Y cuán buen negocio es que se administre sin acepción de personas."

1# **John Rawls:**

Sobre la Justicia como Equidad:
"La justicia es la primera virtud de las instituciones sociales, como la verdad lo es de los sistemas de pensamiento. Una teoría de la justicia es una teoría que declara cómo están distribuidos los bienes sociales primarios y cómo están asignados los derechos y deberes básicos entre los miembros de la sociedad".
Fuente: "A Theory of Justice" (Una Teoría de la Justicia).

2# **H.L.A. Hart:**

Sobre la Naturaleza del Derecho:
"La existencia de un sistema de reglas impone restricciones sobre lo que puede ser considerado justo o injusto".

Fuente: "The Concept of Law" (El Concepto de Derecho).

"El derecho es una empresa humana, una creación del hombre, sin embargo, tiene un carácter distintivo; su propio modo de vida y su propia razón".

Fuente: "The Concept of Law" (El Concepto de Derecho).de la servidumbre).

3# **John Locke:**

Sobre el Derecho a la Propiedad:
"Todo hombre tiene propiedad en su propia persona. Nadie, excepto él mismo, tiene derecho a ello. El trabajo de su cuerpo y las obras de sus manos son propias para él. Lo quequiera que haya quitado del estado que la naturaleza ha proporcionado y dejado, es por trabajo de su cuerpo y por la obra de sus manos, que lo ha unido a, y por ello se convierte en su propiedad".
Fuente: "Second Treatise of Government" (Segundo Tratado sobre el Gobierno).

4# **Friedrich Hayek:**

Sobre la Libertad Individual y la Propiedad:
"No existe libertad si el poder de los hombres de tomar sus propias decisiones está limitado por la omnipotencia de la autoridad para forzarlos a obedecer".

Fuente: "The Constitution of Liberty" (La Constitución de la Libertad).

"El sistema de propiedad privada es el sistema más importante de garantizar la libertad, no sólo para aquellos que poseen la propiedad, sino rara vez menos para aquellos que no la poseen".

Fuente: "The Road to Serfdom" (El camino de la servidumbre).

Sobre la Importancia de los Derechos Fundamentales:

5# **John Stuart Mill:**
"El único propósito por el que el poder puede ser ejercido legítimamente sobre cualquier miembro de una comunidad civilizada, contra su voluntad, es para evitar daños a los demás. Su propio bien, físico o moral, no es una justificación suficiente".
Fuente: "On Liberty" (Sobre la Libertad).
Sobre la Naturaleza del Derecho y la Moral:

6# **Immanuel Kant:**
"La justicia es el principio de la moralidad en los tratos con los demás hombres".
Fuente: "Metaphysics of Morals" (Metafísica de las Costumbres).

Sobre el Papel de las Leyes en la Protección de los Derechos:

7# **Thomas Jefferson:**
"Dios que nos dio la vida, nos dio la libertad. Y la ley que no nos puede quitar la libertad que Él nos dio".
Fuente: Discurso de Inauguración, 1801.

8# **Nelson Mandela:**
"Para ser libre no es simplemente deshacerse de las cadenas, sino vivir de una manera que respete y mejore la libertad de los demás".
Fuente: Discurso en la Inauguración Presidencial, 1994.

Sobre el Principio de Inocencia:

9# **Declaración Universal de Derechos Humanos (1948)**:

"Toda persona acusada de delito tiene derecho a que se presuma su inocencia mientras no se pruebe su culpabilidad, conforme a la ley y en juicio público en el que se le hayan asegurado todas las garantías necesarias para su defensa".
Fuente: Declaración Universal de Derechos Humanos, Artículo 11.

10# **Baron de Montesquieu**:
"Es mejor absolver a un culpable a condenar a un inocente".
Fuente: "El Espíritu de las Leyes".

Sobre la Responsabilidad Individual y la Justicia:

11# **Immanuel Kant:**
"Actúa sólo según aquella máxima por la cual puedas querer al mismo tiempo que se convierta en una ley universal".
Fuente: "Fundamentación de la metafísica de las costumbres".

Sobre el caos y el orden:

12# **Friedrich Hayek:**

paráfrasis:

"El orden espontáneo es superior al orden deliberado, en la medida en que no depende del conocimiento completo de un solo individuo, sino de un gran número de hechos dispersos y desconocidos entre sí."
Fuente: "La Constitución de la Libertad" y "Derecho, Legislación y Libertad"

13# **Charles Darwin:**

"Es interesante contemplar una maraña intrincada de relaciones, lazos de una complejidad inconcebible. Todas las partes de la naturaleza son complejas y tienen relaciones con todas las demás."

14# **David Hume:**

Sobre la Justicia:

"La justicia no es una virtud natural; no existen disposiciones naturales hacia ella, ni tampoco disposiciones naturales hacia ninguna acción *que no afecte directamente a nuestros intereses o a los de los demás*. Si se diera a los hombres una disposición perfecta para siempre amoldarse a las reglas de equidad y justicia, esto debería considerarse como el más grande de los milagros, más allá de la gama de la operación de las leyes de la naturaleza, y como una intervención directa de la Divinidad en la conducta humana."
Fuente: "Tratado de la Naturaleza Humana".

La Razón contra la Lógica

Los términos tratados:

Razón: sofisticación articulada de las pasiones, optimizando-las.

Lógica: principios demostrativos discurren-tes de inferencias coherentes.

Inteligencia: capacidad de adaptarse mediante los sentidos, transformando lo sensible en inteligible, resultando en conocimiento benéficos para uno mismo y para los demás.

Estupidez: quien gozando de facultad no ejerce la capacidad de adaptarse mediante los propios sentidos, desarrollando/se una forma atrofiada de intelecto para procesar emociones, coartando la libertad, perjudicando su entorno.

Bondad: (relativo al bien: dicho subjetivo de aquello que te beneficia) acciones que benefician a otros incluso perjudicándose a ellos mismos de manera incauta.

Maldad: (relativo al mal: dicho subjetivo de aquello que te perjudica) trastorno cuyas acciones solo buscan el beneficio propio a expensas del perjuicio de otros.

Humildad: virtud olistica consistente en doblegar las debilidades y comprender las limitaciones, permitiendo el crecimiento personal.

Valores: principios morales que resultan en conductas protectoras y nutritivas, generadoras de valor.

Nadie abusa de un igual

Inspirado en la escucha de clases de Jesus G Maestro, Las 5 leyes de la estupidez Humana de Carlo M. Cipolla en mi búsqueda de encontrar reconstruir términos que han quedado vaciados de significado.

La razón solo se puede desarrollar desde la inteligencia (inteligencia: accionar que da beneficios a todos), y la inteligencia es resultado de pensar pasional-mente lo inteligible. Para que algo sea inteligible, primero ha de ser sensible, puesto que solo lo sensible es inteligible.

Si se fomenta y se hace pasar por bueno y libre el expresar las pasiones sin la moderación de la inteligencia, obtenemos personas incapaces de razonar o de contenerse de forma adecuada, frágiles a los estímulos y en el peor de los casos, bombas de relojería. Sin la capacidad de razonar de manera adecuada, se pierde la belleza de una lógica que se puede entender como romántica.

Es decir la razón es la capacidad de expresar los sentimientos de forma inteligente si se enseña a sentir sin pensar nace un estúpido.

El Ensayo humorístico "Allegro ma non troppo" se investiga sino factores que buscan prevenir el contacto con estúpidos que algunos pueden resultar neurológica-mente muy capases. En su estudio nos reta a definir como se distribuyen nuestras decisiones dentro de su gráfico.

Primera Ley: Subestimación de la Estupidez:
"Siempre e inevitablemente subestimamos el número de individuos estúpidos en circulación."

Segunda Ley: Estupidez Independiente de Otros Atributos:
"La probabilidad de que una persona sea estúpida es independiente de cualquier otra característica de la misma persona esta no discrimina se encuentra en todas las clases sociales, niveles educativos y profesionales.

Tercera Ley: Definición de la Estupidez:
"Una persona estúpida es aquella que causa daño a otra persona o grupo de personas sin obtener a cambio ningún beneficio para ella misma e incluso incurriendo en pérdidas. Es de conductas incoherentes"

Cuarta Ley: Subestimación del Poder de la Estupidez:
"Las personas no estúpidas siempre subestiman el poder nocivo de las personas estúpidas. Y esto se manifiesta como un costosísimo error."

Quinta Ley: El Estúpido, el Más Peligroso:
"La persona estúpida es el tipo de persona más
peligrosa que existe." los estúpidos son más
peligrosos que los malvados porque, mientras que los
malvados actúan con algún propósito predecible
(beneficiarse ellos mismos), los tontos son
impredecibles y dañinos.

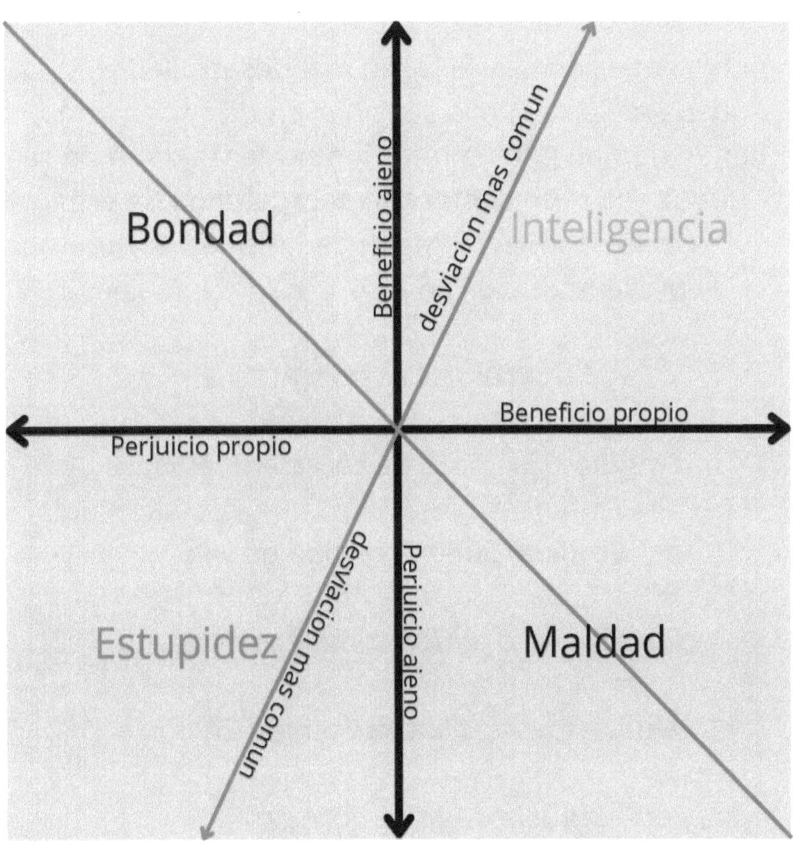

Así el resultado de la perdida de la habilidad de razonar, es la conclusión lógica de no poner el valor y virtud a lo inteligible el pensar de forma activa sobre lo sensible es en otras palabras lo que uno percibe siente emociona desarrollando la inteligencia y de la inteligencia a la razón. Frases como inteligencia emocional son reverberan-tes como decir el huevo duro cocido, para eso es el termino razón.

Con la inteligencia y la razón mal desarrolladas, solo queda enfatizar en lo sensible, emociones que no tienen tiempo para la reflexión no se les da ya no se puede y la representación materializada de estos comportamiento se pueden esquematizar representándolos en los 7 pecados capitales,

Soberbia: Narciso y Aracne

Envidia: Toxicidad de carácter mediocre

Codicia: Superficialidad de valor

Pereza: Auto-ayuda como Auto-engaño

Gula: Obesidad de la Comida Chatarra

Lujuria: Cultura Pornogrfiaca

Ira: Impulsividad de cristal

¿donde te has ido, razon?

Pero lo que hoy se vive en el quedarse en lo sensible, no desarrollándose emocionlmente, estancados en un eterno estado infantil, creando un estado de bancarrota, quiebra emocional generando la barbarie social, provocada por los que no están capacitados para razonar, siendo estos tierra fértil para el cultivo la estupidez. Sufriendo estos de la atrofia de la sensibilidad, exprezandose en los 7 pecados, la gente realmente inteligente hallan obstáculos en todas partes de los estúpidos mediocres estos no permiten que los otros destaque sobre ellos, se imponen como mayoría e invocan la tolerancia ante sus fracasos, creando un habiente que promueve a los peores por que los peores son los que menos molestan o los que hacen sentir menos incómodos a quienes ostentan algún cargo de poder o autoridad, burocrático o administrativo de aquí se puede explicar la frase;

"quien no compite, no estorba" Sor Juana Inés de la Cruz

"La tolerancia llegará a tal nivel que las personas inteligentes tendrán prohibido pensar para no ofender a los imbéciles" Fiódor Dostoyevski

"las normas solo sirven para castigar a quien las cumple"
"No se puede vivir en condiciones psíquicas incompatibles con la realidad, eso evoca al fracaso"
Jesús G Maestro

LLo sensible las emociones son solo el primer paso hacia la inteligencia. Cuando se esta desprovisto de la razón, la lógica se convierte en herramienta de auto validación y es echa pasar por inteligencia, donde solo sobreviven lógicas falaces o paradojas destructivas en desmedro de otros esquemas lógicos que requieren de la razón y sin ella simplemente no pueden ser entendidas. El falto de razón prefiere las mentiras que confortan a sus emociones, dado que estas le resultan gestionables desde su entendimiento, a diferencia de la verdad que no es capas de gestionar ni entender con su inteligencia, en este sentido ellos exigen de manera directa e indirecta que se les mienta desde la negación y vulnerabilidad, así se eleva a mentirosos manipuladores patológicos.

El desarrollo de la razón se opone a las lógicas destructivas permitiendo descartalas. El desarrollo de la razón es la vitoria sobre los vicios compulsivos de las emociones conectándote con la realidad, es el dejar de ignorar lo empírico pragmático, superándose a los 7 pecados lo que es el desarrollo de la humildad la que permite sostener relaciones interpersonales saludables y descartar aquellas que no lo son, y como resultado espontaneo de las buenas relaciones surgen los valores y de estos los derechos y a este comportamiento se le denomina el arte del honor, porque solo alguien intoxicado de los 7 pecados y desprovisto de la razón desarrolla comportamiento sociopaticos que le hacen sentir valido el aprovecharse de otros ya que "Nadié abusa de aquel que percibe como su igual" en este sentido;

"no hagas lo que no te gustaría que te hicieran",

"tu libertad acaba donde empieza la del otro",

"el derecho es lo que los demás te dejan hacer"

"respeta para ser respetado"

alcanzan el contexto necesario para su comprencion. La verdadera riqueza es consecuencia de las buenas relaciones interpersonales cuya coherencia es el comportamiento espontaneo y natural denominado Razón y Derecho, en ultimo a estos dos conceptos se les puede englobar con el respeto en el termino honor un concepto tan olvidado y desentendido que le provoca la risa al que no entiende.

Realidad: Proceso de ilimitados pormenores, de existencia objetiva, infinitas en el espacio tiempo.

Fantasía: Simulación restringida, idealizada de existencia limitada en el espacio tiempo .

No hay accion o palaba humana que sean capases de reducir a la realidad puesto que ella es superior a estas. y aun así en el ámbito de las fantasías como las ideológicas y de esta términos como Izquierda y Derecha son la pretensión de poner o describir la multidimensionalidad de lo real en un papel plano y trazar en ella una sola linea y en cada extremó poner uno de estos términos y asignar a todo el mundo en ellos, habiendo quienes las dan por verdades.

Civilization contra la barbarie

Civilizado: Comportamiento respetuoso y sofisticado, Siendo útil al propósito de la sociedad.

Barbarie: Ignorancia violenta, atomizadora de la sociedad.

Operatividad: Capacidad de hacer o para realizar una función.

Derecho mercantil: Autonomía de auto Regulación de los Actos del Comercio, Codificables en Contratos, Sociedades y Títulos para gestionar la Propiedad mercantil. que busca seguridad jurídica y monetaria en rutas estables de trasmisión de propiedad privada.

operatividad siempre supera la echo de la razón, de la política y de la religión no importa tener la razón importa ser operatorio, muchas veces la ignorancia y la violencia dan paso a las injusticias y resultan mas materializadas que comportamientos mas sofisticados lo que resalta que cada acto que depositamos en el mundo suma o resta a estar en conexión con la realidad o disociados de ella lo que crea los resultados los cuales son lo operatorio, dando ejemplo los islámicos y su profunda cultura misógina que prohíbe siquiera habar en publico a las mujeres donde esta barbarie resulta mas operativa que la posibilidad de hablar, toda accion vale mas que mil palabras incluido este libro que de no promover o provocar cambios de comportamientos de los individuos hacia unos mas civilizados no serviría de nada, lo mismo seria que no existiera, es que el mundo es de predicar con el ejemplo. En este sentido El Derecho Mercantil esta superando operatoriamente Al Derecho Civil resultando remplazando por los derechos del consumidor y el culto al dinero disolviendo todo tipo de fronteras y los estados con estas y todo lo que le resulte incomodo al comercio la operatividad del comercio es superior a todos los poderes de los estados y los individuos es el poder por el cual todos compiten es por esto que las elites fomentan la ignorancia porque se piensan que así serán mas manipulables o serviles pero se equivocan es solo en el sentido aparente, dado que en realidad solo obedecen al echo de quedarse sin posibilidades. Todas la culturas y civilizaciones siempre has sido dirigidas por una elite y ninguna a soportado el paso del tiempo puesto que la arrogancia de las elites que se ven seducidas por la gloría aparente del soborno y la mentira se convierten en unos inoperantes alimentados por la apariencia que usan su condición para intentar distinguirse de la plebe desconectándose de ellas rompen la propia cohesión social en el intento de perpetuarse artificiosamente en el poder terminan drenando las posibilidades de la población guiándolas al fracaso apareciendo así la barbie y desapareciendo la civilización. La degeneración del comercio por el propio comercio es la anulación de la propiedad privada donde el objetivo de los que compiten por el comercio es el dinero y el poder estas elites quieren evitar que otros tengan propiedad privada auto suficiencia, porque se pretende que la gente tenga depende de ellos exclusivamente planificando ciudades de consumo si ellos quieren usted no come ni viste en este sentido los derechos del consumidor pasaran a una hoja de reclamos si estado que los defienda, por esto la importancia de que cada persona sepa por su propia cuanta ser civilizada para darle espacio las cosas que el comercio nunca a podido comprar ni vender: el amor, la esperanza, el respeto y la inteligencia, estas de no ser respetadas y defendidas a vida o muerte se les intentara anular al no ser serviles al comercio. El comportamiento civilizado es algo concerniente al honor y al orgullo, ético y moral que resultan los motivos para defenderla, todo lo tratado solo es motivo de bárbara burla para el que no posee estos valores y sofisticaciones de forma operativa.

Ética: orientación a la defensa del individuo por sobre todas las cosas.

Moral: conjunto de normas que pretenden definir el comportamiento del individuo, en tanto este se identifique con el grupo.